职业生涯规划

学习指导

主　编　吴培培

副主编　夏丽萍　崔益华

　　　　王成明　华　骏

北京理工大学出版社

BEIJING INSTITUTE OF TECHNOLOGY PRESS

图书在版编目（CIP）数据

职业生涯规划学习指导/吴培培主编 . —北京：北京理工大学出版社，2017.9
ISBN 978-7-5682-4492-3

I. ①职… II. ①吴… III. ①职业选择–中等专业学校–教学参考资料 IV. ①G717. 38

中国版本图书馆 CIP 数据核字（2017）第 184893 号

出版发行／北京理工大学出版社有限责任公司
社　　　址／北京市海淀区中关村南大街 5 号
邮　　　编／100081
电　　　话／（010）68914775（总编室）
　　　　　　（010）82562903（教材售后服务热线）
　　　　　　（010）68948351（其他图书服务热线）
网　　　址／http：//www. bitpress. com. cn
经　　　销／全国各地新华书店
印　　　刷／北京金特印刷有限责任公司
开　　　本／787 毫米×1092 毫米　1/16
印　　　张／4. 5　　　　　　　　　　　　　　　责任编辑／张荣君
字　　　数／62 千字　　　　　　　　　　　　　文案编辑／张荣君
版　　　次／2017 年 9 月第 1 版　2017 年 9 月第 1 次印刷　　责任校对／周瑞红
定　　　价／12. 00 元　　　　　　　　　　　　责任印制／边心超

前　言

　　职业生涯规划是职业学校学生必修的一门德育课。本课程以邓小平理论、"三个代表"重要思想为指导，贯彻落实科学发展观，对学生进行职业生涯教育和职业理想教育。其任务是引导学生树立正确的职业观念和职业理想，学会根据社会需要和自身特点进行职业生涯规划，并以此规范和调整自己的行为，为顺利就业、创业创造条件。本教材根据《中等职业学校职业生涯规划大纲（2014年修订）》编写而成，是中等职业学校教育课程改革国家规划新教材。

　　本教材语言通俗、深入浅出，共五个单元，设计了 14 个相互联系的主题。每个主题包括"教学目标""教学重点""教学难点""知识点"几个模块，"教学目标"帮助学生明确学习目标，"教学重点"和"教学难点"帮助学生把握重、难点内容，"知识点"系统介绍职业生涯规划相关知识。每个单元还附有练习题，便于学生检测学习情况。教材结构灵活开放，满足了职业学校学生个性化、多样化的学习需要；教材内容丰富、覆盖面广、包容性强，体现了现代性、职业性和生活性的要求。

　　通过本课程的学习，学生将在了解自己的基础上制定出合理的、适合自己的、可行的职业生涯规划，做好适应社会、融入社会的准备。

编　者

目　录

第五单元 职业生涯规划管理与调整 /055

答案 /065

第一单元 职业生涯规划与职业理想

主题 1 　面向未来的职业生涯规划

 **教学目标**

1. 了解职业和职业生涯的内涵，掌握人生的三大阶段，理解职业和职业生涯规划的特点。

2. 通过分析职业与人生，帮助学生基本形成正确的职业价值取向，引导学生增强职业意识，形成正确的职业观。

3. 能够运用所学的职业及职业生涯的知识，对实际生活中的典型事例进行分析。

 **教学重点**

了解职业内涵、职业生涯与人生的关系、职业生涯规划的重要性。

教学难点

把握职业生涯规划的特点。

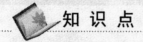

知 识 点

一、职业

1. 职业的内涵

职业是个人在社会中所从事的、有稳定收入的工作，既是人们实现人生价值、为社会做贡献的舞台，又是人们谋生——在社会中生存、发展的手段。

从以上的定义中，我们不难看出职业包含以下几层含义：

（1）职业是具有一定的专门技能的工作。

（2）职业是一项具有一定时间性和规范性的活动。

（3）职业强调服务性和功能性。

2. 职业的特征

（1）稳定的收入。通过职业获得合法的收入，从而改变你的生存环境，提高你的生活质量。

（2）责任的担当。工作就意味着承担责任。销售农药的业务员答应了准时送货，如果不能及时把农药送到农民手里，就会影响庄稼收成，造成严重后果。

（3）理想的实现。人要活得有意义、有价值。实现人生价值、完善自我，其实并不复杂，就是不断提高个人修养和能力，实现理想抱负。而理想的实现必须依靠工作。

（4）社会的发展。职业的发展可以促进社会的发展。当你意识到你的工作可以促进社会发展时，你会感到自豪。

3. 职业的重要性

（1）职业是人们得以生存的手段。

（2）职业是塑造个性和实现自我价值的舞台。

（3）职业是实现社会价值的重要途径。

二、职业生涯

1. 职业生涯的内涵

职业生涯是指一个人一生的职业历程，即一个人一生职业、职位的变迁及职业理想的实现过程。

2. 职业生涯的特点

（1）独特性。

每个人的职业生涯都有自己的特点。拥有自己的目标，欣赏自己的选择，不妄自菲薄，不怨天尤人，把自己的潜能发挥到极致，就可以实现自己的目标。社会有很多分工，只要认识你自己，找到自己感兴趣的，就可以乐在其中。

我们经常和别人比，却忘记了自己真正要的是什么。每个人都应该走自己不同的路，做自己想做的事，拥有自己想拥有的人生。

（2）发展性。

随着时间的推移，不管你自己是否愿意，每个人都会以不同的程度在这个过程中成熟起来。有明确目标和强烈进取精神的人会成熟得快一些、好一些，否则就成熟得慢一些、差一些。人们通过持续不断地增强个人修养来全面提升自己，使自己慢慢地成长起来；通过一个个人生追求的实现来促进个人价值的提升，去扮演越来越重要的社会角色；通过有效的技能训练来提高自己的职业化水平，使自己成为某一方面的专家。个人职业生涯发展的结果是整个社会的进步和发展。

（3）阶段性。

职业生涯的阶段性一般以工作年限为主要特征，而且每一个阶段都会表现出不同的特点来。除了准备阶段以外，每个阶段都以岗位工作为中心展开，并表现出各阶段的不同特点。各阶段之间并不是并列关系，前一阶段的状态是后一阶段的基础，前一阶段的状态越好，后一阶段的状态才可能越好。

前后阶段的接续关系无论是趋好还是趋坏，一般都是递进的。因此，注意职业生涯发展的阶段性，高质量、顺利地完成各阶段的任务对职业生涯的持续发展就显得非常重要。

（4）整合性。

职业生涯涵盖了人生整体发展的各个方面，并非仅仅局限于工作或职位。每个人在职业生涯发展过程中或者从事某项工作时，不是孤立地干工作，而是将其与自己的家庭、业余生活等紧密地联系在一起。每个人所从事的工作往往决定他的生活状态，而且职业与生活两者之间又很难完全区分。

（5）互动性。

个人的职业生涯是个人与他人、个人与环境、个人与社会互动的结果。人是社会关系的总和，人不能脱离社会而存在。个人职业生涯的状态，包括职业选择的观念、职业能力的锻炼、职业信息的掌握会对其他人产生影响，好的环境能坚定个人从事某种职业的信念。社会上新职业的出现、职业需求的变化，则会使个人对自己未来的职业生涯重新进行思考。

3. 职业生涯的阶段

围绕职业，人的一生大致可分为三个阶段：从业准备阶段、从业阶段、从业回顾阶段。

（1）从业准备阶段。从婴儿开始，直到完成在学校的学习、开始从事某种职业以前，均属于从业准备阶段。

职校生进入学校以后的活动，几乎都是为职业生涯发展做准备的。不但为首次就业做准备，而且为今后的职业生涯发展奠定基础。

（2）从业阶段。从业阶段是人生的主要阶段。职业生涯长短与个人的职业能力、健康状况等有关。职业与人生的关系集中体现在两个方面：一是人们通过职业活动满足多种需要，其满足的程度反映出职业生涯发展的程度；二是人的职业活动，是一个不断学习、不断积累、不断提升、不断发展的过程。

（3）从业回顾阶段。通常也是人生的最后阶段。在此阶段中，人与职业的关系主要表现为两个方面：一是依靠从业阶段的积蓄，通过社会保障得到的回馈，即以从业阶段因社会贡献而得到的医疗、养老方面的福利安度晚年；二是通过回顾职业生活，以讲授、写作、聊天等多种方式，不同程度地指导和影响年轻人的职业生涯发展。

三、职业生涯规划

1. 职业生涯规划的含义

职业生涯规划（career planning）简称生涯规划，又叫职业生涯设计，是指个人与组织相结合，在对一个人职业生涯的主客观条件进行测定、分析、总结的基础上，对自己的兴趣、爱好、能力、特点进行综合分析与权衡，结合时代特点，根据自己的职业倾向，确定其最佳的职业奋斗目标，并为实现这一目标做出行之有效的安排。

2. 职业生涯规划的重要性

（1）帮助我们目标明确地发展自己。

职业生涯发展要有计划、有目的，不可盲目地"撞大运"，很多时候我们的职业生涯受挫就是由于生涯规划没有做好。职业生涯规划就是为自己实现职业目标而确定行动方向、行动时间和行动方案。个人在了解自我的基础上确定适合自己的职业方向、目标并制定相应的计划，以避免就业的盲目性，降低从业失败的可能性，为走向职业成功确定最有效率的路径。

（2）帮助我们扬长避短地发展自己。

人无完人，扬长补短才能最终成功。在校期间，扬长补短，主动适应即将从事的职业的要求；择业阶段，扬长避短，要选择能让自己"扬长避短"的岗位；就业以后，扬长补短，使自己更具晋升或转岗的发展前景。

"扬长"即根据职业生涯发展目标，有意识地理清、挖掘并充分发挥自己的长处。"补短"即根据职业生涯发展目标，了解自己的短处，同时不断调整自己，不断缩小自身条件与发展目标之间的差距。

3. 职业生涯规划的特点

（1）可行性。

规划要有事实依据，并非美好幻想或不着边的梦想，否则将会贻误良机。

（2）适时性。

规划是预测未来、确定将来的目标的行动。因此各项主要活动何时实施、何时完成，都应有时间和时序上的妥善安排，以作为检查行动的依据。

（3）适应性。

规划未来的职业生涯目标，牵涉到多种可变因素。因此规划应有弹性，以增加其适应性。

（4）连续性。

人生的各个发展阶段应能持续、连贯地衔接。影响个人职业生涯发展的因素主要有进取心与责任心、自信心、自我表现认识与自我表现调节、情绪稳定性、社会敏感性、社会接纳性、社会影响力。

主题 2　职业理想

教学目标

1. 认识职业理想的内涵及特点，明确职业理想对人生发展及对社会发展的作用。明确职业生涯规划是实现职业理想的途径。

2. 感悟确立职业理想的紧迫性和重要性，初步形成正确的职业理想。形成关注自己的职业生涯规划及未来职业发展的态度。

3. 结合个人分析自己职业理想的缺失或存在的问题。提高比较与鉴别、综合分析、理论联系实际的能力。

教学重点

了解职业理想及其作用、职业生涯规划的意义和步骤、中职生职业生涯规划的特点。

教学难点

掌握职业生涯规划的步骤。

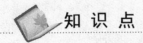 知 识 点

一、职业理想及其作用

1. 职业理想的内涵

职业理想是人们在职业上依据社会要求和个人条件，借想象而确立的奋斗目标，即个人渴望达到的职业境界。

2. 职业理想的特点

（1）社会性。

社会性体现在通过自己的职业履行对社会应尽的义务。每个职业都有其特有的社会责任。

（2）时代性。

社会的分工、职业的变化，是影响一个人职业理想的决定性因素。生产力发展的水平不同、社会实践的深度和广度不同，人们的职业追求和目标也会不同，因为职业理想总是一定的生产方式及其所形成的职业地位、职业声望在一个人头脑中的反映。计算机的诞生演绎出与计算机相关的职业，如计算机工程师、软件工程师、计算机打字员等职业。

（3）发展性。

一个人的职业理想的内容会因时、因地、因事的不同而变化。随着年龄的增长，社会阅历的增加和知识水平的提高，职业理想会由朦胧变得清晰，由幻想变得理智，由波动变得稳定。因此，职业理想具有一定的发展性。

（4）个体差异性。

职业是多样性的，一个人选择什么样的职业，与他的思想品德、知识结构、能力水平、兴趣爱好等都有很大的关系。政治思想觉悟、道德修养水准以及人生观决

定着一个人的职业理想方向，知识结构、能力水平决定着一个人的职业理想追求的层次，个人的兴趣爱好、气质性格等非智力因素以及性别特征、身体状况等生理特征也影响着一个人的职业选择。

3. 职业理想的作用

（1）职业理想对个人发展的作用。

职业理想是个人对未来职业的向往和追求，是人在职业活动中追求工作、事业发展的动力来源。

①职业理想具有导向作用。

②职业理想具有调节作用。

③职业理想具有激励作用。

（2）职业理想对社会发展的作用。

①职业理想是社会发展的动力。

②职业理想是实现社会理想的基础。

二、职业生涯规划的意义和步骤

1. 职业生涯规划的意义

职业生涯规划的训练有助于有目的地全面提高自身的综合素质，避免学习的盲目性和被动性；规划个人的职业生涯，可以使职业目标和实施策略了然于心，并便于从宏观上予以调整和掌控，能让自己在职业探索和发展中少走弯路，节省时间和精力；同时，职业生涯规划还能对自我发展起到内在的激励作用，使自己产生学习、实践的动力，激发自己不断为实现各阶段目标和终极目标而奋斗。

（1）务实的规划才能把理想变成现实。

（2）规划的过程是提高自己的过程。

2. 职业生涯规划的步骤

职业生涯规划是一个周而复始的连续过程，其过程包括确定职业志向、自我评估定位、生涯机会评估、确定生涯目标、制订计划与措施、评估与调整六个基本步骤。

第一步：确定职业志向。

志向是事业成功的基本前提。没有志向，事业的成功也就无从谈起，立志是人生的起跑点，反映着一个人的理想、胸怀、情趣和价值观，影响着一个人的奋斗目标及成就的大小。所以，在制定职业生涯规划时，首先要确立志向，这是制定职业生涯规划的关键，也是职业生涯规划最重要的起点。

第二步：自我评估定位。

自我评估的目的是认识自己、了解自己。因为只有认识了自己，才能对自己的职业做出正确的选择。所以，自我评估是职业生涯规划的重要步骤之一。一般来说，自我评估的内容包括自己的兴趣、特长、性格、学识、技能、智商以及组织管理、协调、活动能力等。

第三步：生涯机会评估。

职业生涯机会的评估主要是评估各种环境对自己生涯发展的影响。每一个人都处在一定的环境之中，离开了这个环境，便无法生存与成长。所以，在制定个人的职业生涯规划时，要分析环境条件的特点、环境的发展变化情况、自己与环境的关系，还要分析自己在这个环境中的地位、环境对自己提出的要求，以及环境对自己的有利条件与不利条件等。只有充分了解这些环境因素，才能做到在复杂的环境中避害趋利，使你的职业生涯规划具有实际意义。如组织环境因素评估的内容包括组织发展战略、人力资源需求、晋升发展机会等。

第四步：确定生涯目标。

职业生涯目标的设定是职业生涯规划的核心。一个人事业的成败，很大程度上取决于其有无正确、适当的目标。没有目标的人如同大海中的孤舟，四野茫茫，难辨方向，不知道自己应走向何方。只有树立了目标，才能明确奋斗的方向。目标犹如海洋中的灯塔，引导你避开险礁暗石，走向成功。目标的设定是继生涯路线选择后，对人生目标做出抉择。其抉择应以自己的最佳才能、最优性格、最大兴趣、最有利的环境等信息为依据。职业生涯目标通常分短期、中期、长期和人生目标。

第五步：制定计划与措施。

在确定了职业生涯目标后，行动便成了关键的环节。没有达成目标的行动，就不能达成目标，也就谈不上事业的成功。这里所指的行动是指落实目标的具体措施，主要包括工作、训练、教育、轮岗等方面的措施。例如，为达成目标，在工作方面，你计划采取什么措施提高你的工作效率；在业务素质方面，你计划如何提高你的业务能力；在潜能开发方面，采取什么措施开发你的潜能等。要有具体的计划与明确的措施，并且这些计划要特别具体，以便于定时检查。

第六步：及时评估与调整。

俗话说"计划赶不上变化"，有的变化因素是可以预测的，而有的变化因素难以预测。在此状况下，要使生涯规划行之有效，就必须不断地对生涯规划进行评估与修订。其修订的内容包括：职业的重新选择、生涯路线的选择、人生目标的修正、实施措施与计划的变更等。

三、中职生职业生涯规划的特点和要求

1. 中职生职业生涯规划的特点

（1）专业定向后初次就业。

（2）必须面对严峻的就业形势。

（3）必须把个人发展与社会经济发展联系起来。

（4）引导自己形成终身学习的观念。

（5）指导自己就业和创业。

2. 中职生如何规划职业生涯

（1）恰当评估自我条件。

在分析自我的过程中，既不可高估自己，觉得自己有多么的了不起；又不能妄自菲薄，觉得自己样样都不如人。要客观地认识自身条件，了解自己的优势和不足，这样才能使自己理性地面对纷繁复杂的职场，规划好自己的职业生涯。

（2）合理确定职业目标。

确定职业目标要看社会经济发展的实际需要、个人所处的就业环境，看这个职业对从业者素质的要求。因此，中职生要知道国家经济发展的大趋势，了解本地区的经济特色和未来的发展趋势，尽可能利用区域的经济发展机遇，了解市场需要什么人才、当地有什么资源可以利用、哪些人际关系资源有助于实现职业理想等，必须做好准备，待机而动。

（3）阶段规划发展目标。

阶段目标要十分具体，不仅要表明需完成的任务、所要达到的状态，还要列出措施，并保证措施明确、得当、有可操作性，切忌空洞、不着边际。

阶段目标是实现职业理想的重要保证，而各阶段目标之间的关系应该是阶梯形的，前一个目标是后一个目标的基础，后一个目标是前一个目标的方向，所有的阶段目标都指向远期目标。

（4）不断调整发展规划。

要使职业生涯规划行之有效，就要对职业生涯规划的具体内容和计划的实施情况进行定期检查，及时发现各种情况的变化，不断地进行自我反省，从而修正职业生涯目标，改进职业生涯策略，更好地实现自己的职业理想。

练习题

一、判断题

1. 职业需要专业知识的支撑，这就要求中职生在校期间多学专业知识和技能。
（   ）

2. 在职业生涯规划中，措施的制订是为了职业目标的实现。 （   ）

3. 未来的职业谁也无法预测，现在确定目标完全是白费功夫。 （   ）

4. 客观实际情况变化了，职业生涯规划需要相应地进行调整、修正和完善。
（   ）

二、选择题

1. 有这样一个职场寓言故事：有两位工匠正在砌墙，记者采访他们正在做什么。第一位回答："没看到吗？我正在砌墙。"第二位回答："我正在盖一栋高楼。"10年后，回答"砌墙"的工匠还在工地砌墙，回答"正在盖高楼"的工匠成了工程师。下列说法正确的是(　　)

A. 职业理想和职业生涯没有关系

B. 职业理想引导职业生涯的发展

C. 只要确立职业理想，就能成功

D. 没有职业理想，职业生涯规划也能实现

2. 纺织专业毕业的小谢，进入一家纺织厂工作，由于踏实肯干，很快被升为班长，她信心满满，打算在这一行好好干下去。随着我国纺织行业的逐渐萎缩，小谢心中不免担心起来。她利用业余时间自学会计专业，在工厂即将宣布破产、分批裁减员工之际，她顺利应聘到一家外贸公司担任文秘工作。这说明，职业生涯规划制订好以后(　　)

A. 人生的职业发展之路就会很顺利

B. 应根据外部社会的变化进行调整

C. 应根据自己的兴趣爱好进行调整

D. 无论遇到什么情况都不能改变

3. 托尔斯泰曾说过："理想是指路明灯，没有理想，就没有坚定的方向；没有方向，就没有生活。"在实践中，我们也发现职业生涯规划往往是以职业理想为引导的。这表明(　　)

A. 职业理想指导并调整着职业活动，并对职业生涯的发展起着重要作用

B. 理想是美好的，现实是残酷的，确立职业理想只是一种精神安慰而已

C. 职业生涯规划要符合实际条件，职业理想要符合自己的兴趣，两者没有联系

D. 职业理想是借助想象而确立的，所以应该以职业生涯设计替代职业理想

第二单元 职业生涯发展条件与机遇

主题 3　发展要从所学专业起步

 **教学目标**

1. 了解所学专业及其对应职业群和相关行业，了解职业资格与职业生涯发展的关系，理解职业对从业者的素质要求。

2. 树立行行出状元、职校生能成才的信念。

3. 分析所学专业应达到的职业资格标准。

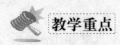 **教学重点**

了解所学专业及其对应职业群和相关行业；分析所学专业应达到的职业资格标准。

 **教学难点**

对所学专业对应职业群和相关行业进行探索；树立行行出状元、职校生能成才的信念。

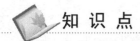 知 识 点

一、专业和专业对应的职业群

1. 专业

专业是指生活生产实践中用来描述职业生涯某一阶段、某一人群用来谋生或长时期从事的具体业务作业规范。此外，专业也指高等学校或职业学校根据社会专业分工的需要设立的学业类别，如旅游服务、会计、电子商务、动漫设计等专业。

2. 专业对应的职业群

专业与职业既有区别又有联系。职业是工作门类，专业是学业门类。专业服务于职业，职业对专业有引领作用。我们知道不同的职业需要不同的知识、技能，而不同的知识和技能则是专业的主要内容，从经济和效率的角度来看，我们所选择的专业当然应该是职业目标所需要的知识和技能。然而就某个专业与职业的相关性来讲，它们可能是一一对应的关系，还可能呈现出一对多的非常复杂的相关关系。

二、职业对从业者的素质要求

职业素质是指从业者通过各类社会学习、自身学习和劳动实践，逐步形成和发展起来的对职业活动发挥重要作用的内在基本品质。

提高从业者职业素质对个人自身、企业、社会的发展都有着重要的意义。

首先，良好的职业素质有利于促进就业者本身的全面发展。

其次，良好的职业素质有利于提高劳动生产效率，代表企业的良好形象。

最后，良好的职业素质有利于推动科技进步、社会发展。

三、职业资格

1. 职业资格与职业资格认证

职业资格是对从事某一职业所必备的学识、技术和能力的基本要求，反映了劳动者为适应职业劳动需要而运用特定的知识、技术的能力。

职业资格认证是对从事某一职业所必备的学识、技术和能力的承认和证明。

职业资格包括从业资格和执业资格，从业资格是指从事某一专业（工种）的学识、技术和能力的起点标准；执业资格是指政府对某些责任较大、社会通用性强、关系公共利益的专业（工种）实行准入控制，使依法独立开业或从事某一特定专业（工种）的学识、技术和能力的必备标准。

2. 职业资格证书

职业资格证书是表明劳动者具有从事某一职业所必备的学识和技能的证明。它是劳动者求职、任职、开业的资格凭证，是用人单位招聘、录用劳动者的主要依据，也是境外就业、对外劳务合作人员办理技能水平公证的有效证件。

我国职业资格证书分为五个等级：初级（五级）、中级（四级）、高级（三级）、技师（二级）和高级技师（一级）。

3. 职业资格与职业生涯发展的关系

职业生涯发展是获得职业资格的目的与动力。职业资格是从事某种职业的基本要求，只有达到这些要求，劳动者才能从事这一职业，进而在该领域有更好的发展。而劳动者为了获得更广、更高的职业发展，会以此为动力，努力学习专业知识技能，提升职业水平，获得职业资格。

四、树立正确的成才观

1. 行行出状元

俗话说："三百六十行，行行出状元。"现代社会对人才的需求是多样的，不管做什么，只要目标明确，每个人都能够成才，只不过是在不同的领域成才，成才的"高度"有差别而已。

2. 职校生能成才

随着科技发展、社会分工的精细化和社会的进步，现代社会对术业有专攻的技能人才有着强烈、迫切的需要。21世纪社会整体人才结构呈"橄榄"型，中等层次的人才依然是主流，所以，人才规格的高移并不是说以高等人才为主，社会的生存与发展的根基始终依靠中等层次的人才。

首先，我们要树立"天生其人必有才，天生其才必有用"的观念，充满自信地面对自己的职业生涯。

其次，我们要立足自身实际，结合社会需要，合理规划个人职业生涯。

再次，我们应该严格落实职业生涯规划的行动方案，认真学习专业知识，勤练技能，积极参加各种技能大赛，通过实训、实习、社会实践锻炼自己，培养自己的良好品质，提高职业素养。

最后，我们还要定期检查自己职业生涯规划的执行情况，并根据实际做出适当调整。

主题 4 发展要立足本人实际

 **教学目标**

1. 了解不同职业对从业者的个性要求和自己的个性特点，理解"兴趣能培养、性格能调适、能力能提高"对职业生涯发展的重要意义。

2. 形成正确的职业价值取向。

3. 分析本人发展条件，体验个性调适和自我控制的过程，挖掘自己与职业要求相符的长处，找到存在的差距。

 **教学重点**

分析本人发展条件，挖掘自己与职业要求相符的长处，找到存在的差距。

 **教学难点**

理解"兴趣能培养、性格能调适、能力能提高"对职业生涯发展的重要意义，形成正确的职业价值取向。

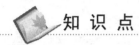 知 识 点

一、兴趣分析与培养

1. 兴趣与职业兴趣

兴趣是个体对特定的事物、活动及人为对象产生的带有倾向性、选择性的态度和积极的情绪反应。

职业兴趣是指人们对某类职业活动所抱有的稳定的积极性态度。

2. 职业兴趣的培养

任何人的任何兴趣都不是与生俱来的，从职业兴趣的发生和发展来看，一般要经历一个"有趣—乐趣—志趣"的过程。

对于职校生来说，兴趣的培养方式有多种。首先，我们应该认识到专业及职业的重要性，平时多了解所学专业及相关职业的信息，关注它们的现状和发展，了解这一领域的成功人士的事迹，感悟这一职业的乐趣。其次，认真学好专业知识和技能。兴趣不只是对事物表面的关心，任何一种兴趣都是由于获得这方面的知识或参与这种活动而使人体验到情绪上的满足而产生的。最后，通过实训、实习、实践活动加强锻炼，体验学习中的乐趣，感受获得成功的快乐。

二、性格分析与调适

1. 性格与职业性格

性格是个人对现实的态度和行为方面的较稳定的心理特征。性格是个性或人格的重要组成部分，个体之间的个性差异的核心是性格差异。

性格没有优劣之分，不同的职业对性格有不同的要求。

职业性格是指个人在长期的职业生活中所形成的与职业相联系的、稳定的心理

特征。

2. 职业性格的调试

调试性格可以从以下三方面入手：

首先，根据所学专业相关的职业群对从业者的要求，确定性格调试目标，制定塑造性格的措施，严格执行，通过播种行为、形成习惯、收获性格，最终成就事业。

其次，向榜样学习。任何一个榜样都有其过人之处，通过对榜样成功之处的总结，制定自身性格调试方案，并长期坚持执行。

最后，积极参加各类实践活动。实践活动，无论是校内的、社会的，还是职场的，对我们性格的塑造都是很好的锻炼机会。我们要好好把握这些机会，使自己的性格与职业更接近，最终实现完美匹配。

三、能力分析与提高

1. 能力与职业能力

能力是指一个人完成某项任务、从事某种活动必须具备的个性心理特征。它是人的综合素质的集中体现，与活动密切相关，在活动中形成，对活动的效率有着直接的影响。

职业能力是人们从事某种职业活动必须具备的影响职业活动效率的个人心理特征，是择业的基本参照和就业的基本条件，也是职业岗位工作的基本要求。

2. 职业能力的提高

职校生要适合职业发展的要求，可以从以下两方面来培养和提高职业能力：

首先，认真学习，打好基础。知识是人类的财富。能力的发展是以知识为基础指导实践活动，在活动中得到锻炼和提高。

其次，重视实践，积极锻炼。能力是在实践活动中形成和发展起来的，我们可以通过参加各类实践活动，尤其是职业实践活动，来提高职业所需要的一般能力和专业能力。

四、职业价值取向分析与调整

1. 职业价值取向

职业价值取向是个体对某种职业的价值判断以及希望从事这种职业的态度倾向，反映了价值取向对个体职业选择态度、行为、信念的影响。

2. 职业价值取向的调整

个体的职业价值取向必须坚持从实际出发，根据个体实际和社会实际的变化及时调整。不过，我们在明确自己的职业价值取向时还有几点需要注意：一是年轻人要敢于挑战、愿意吃苦，不要安于享乐。二是处理好个体需求与社会需求的关系。心理学家将人的需要分为若干层次，即物质生活需要、精神生活需要、承担社会义务的需要。我们要懂得个体需要的实现离不开社会，把个体的发展与社会需要结合在一起，在更广阔的发展空间成就自我。

五、个人学习状况和行为习惯的分析与改善

1. 学习状况分析

学习的动机又称学习的动力，是指直接推动学生进行学习的一种内部动力，是激励和指引学生进行学习的一种需要。它包括知识价值观、学习兴趣、学习能力感、成就归因等。学习的动机是影响学习状态的主要因素之一。

影响学习状态的另一主要因素是学习方法，即个体在学习过程中所采用的方式或途径。每个人由于自身实际的差异，学习时适合采用的方法会有所不同，根据自己的实际情况，结合学习内容，选择合适的学习方法将会让你事半功倍。

2. 行为习惯及其改善

习惯是个体对一定情境进行自动化地思维的倾向或行为方式。

改善自身的行为习惯，首先，要树立关于习惯的正确观念，摒弃错误观念的影响；其次，要明确目标，制定合理措施，坚持执行；还要发挥榜样的作用，用榜样的故事激励自己，坚信自己能告别不良习惯，与好习惯为伴；最后，监督机制也不可少。

主题 5　发展要善于把握机遇

教学目标

1. 了解所学专业涉及的相关行业以及社会需求。

2. 学会对家庭状况、行业发展动向、区域经济发展动向进行分析，把个人发展与经济社会发展结合起来。

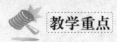
教学重点

了解所学专业涉及的相关行业的社会需求；把个人发展与经济社会发展结合起来。

教学难点

对家庭状况、行业发展动向、区域经济发展动向进行正确分析，把个人发展与经济社会发展结合起来。

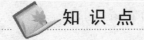
知 识 点

一、家庭状况变化分析

1. 家庭

家庭是社会的细胞，是构成社会的基本单位。它是由夫妻关系及在其基础上的子女关系结成的最小的社会生产和生活的共同体。血缘关系较近的若干个家庭构成家族。同一个家族内部的成员往往在社会生活中互相往来、互相扶持、共同发展。

2. 家庭状况及其变化分析

家庭状况主要包括三个方面：一是家庭成员的职业背景；二是家庭经济状况；三是家庭的人际关系。

二、行业发展动向分析

1. 了解行业及其发展动向

三大产业分类

国家统计局把我国产业分为三大类：

- 第一产业：农业（包括种植业、林业、牧业和渔业等），农业是国民经济的基础。

- 第二产业：工业（包括采掘业，制造业，电力、煤气、水的生产和供应业）和建筑业，工业是国民经济的支柱。

- 第三产业：除第一、第二产业以外的其他各业。一是流通部门，二是服务部门。

行业分类

我国《国民经济行业分类》将行业分为20个门类：

A. 农、林、牧、渔业；B. 采矿业；C. 制造业；D. 电力、热力、燃气及水生产和供应业；E. 建筑业；F. 批发和零售业；G. 交通运输、仓储和邮政业；H. 住宿和餐饮业；I. 信息传输、软件和信息技术服务业；J. 金融业；K. 房地产业；L. 租赁和商务服务业；M. 科学研究和技术服务业；N. 水利、环境和公共设施管理业；O. 居民服务、修理和其他服务业；P. 教育；Q. 卫生和社会工作；R. 文化、体育和娱乐业；S. 公共管理、社会保障和社会组织；T. 国际组织

我国的产业政策为三大产业发展指明了方向：第一，巩固和加强第一产业，提高农业现代化水平，走发展高产、优质、高效、生态、安全农业的道路；第二，调整和提高第二产业，提高工业现代化水平，用高新技术改造和优化传统工业内部结构，走新型工业化道路；第三，大力发展以现代服务业为重点的第三产业。

2. 把握行业发展机遇

首先，我们要清楚职业所属的行业是否有发展前景。我们可以通过网络、报纸等媒体关注国际经济走向，了解国家及地区政府对经济发展的政策，从中把握重点行业、新兴行业。其次，我们要知道有关行业具有怎样的发展前景，需要怎样的从业者。这需要我们关注行业的发展动向、行业与行业之间的相互影响以及行业中出现的新技术、新原料、新工艺、新职业等，并以此制定自己的职业生涯规划，为将来服务于职业做好准备。

三、区域经济发展动向分析

1. 了解区域经济及其发展动向

我国政府提出，要坚持实施深入推进西部大开发，全面振兴东北地区等老工业基地，大力促进中部地区崛起，积极支持东部地区率先发展的区域发展总体战略，健全区域协调互动机制，形成合理的区域发展格局。这一发展战略为各地政府及全国人民指明了我国区域经济发展的总体布局。

2. 区域经济发展中的机遇

为了实现社会主义现代化和中华民族伟大复兴，我国地方政府以当地特色资源为基础，整合开发特色资源，做大做强；立足传统产业，结合时代要求，改造创

新；促进新兴产业崛起，积极扶持，实现产业结构优化升级。面对良好的经济环境，我们要在多元经济发展形式中顺势而为，找到适合自己的就业、创业之路。

练习题

一、判断题

1. 正确的价值观促进职业的选择，相反，负面的价值观阻碍职业的选择。
（　　）

2. 不同性格的人适合不同的职业，比如乐观的人比较适合教师、社会工作者等职业，冷静的人比较适合会计、科研人员等职业。（　　）

3. 积极参加职业技能竞赛能锻炼中职生的专业技能，但对职业能力的养成没有什么帮助。（　　）

4. 俗话说："人各有志。"这个"志"表现在职业选择上就是职业价值观。价值观不同，对具体职业和岗位的选择也就不同。（　　）

5. 俗话说"三百六十行，行行出状元"，但如果没有过硬的专业知识和技能，就很难成为职场中的"状元"。（　　）

6. 教育部、人事部和劳动社会保障部规定：全社会所有的大中专及职业高中的毕业生，都必须具备"双证"，否则视为不合格的毕业生。（　　）

7. 第三产业不直接从事物质生产，不能为社会创造财富，因此职校生在择业时不要选择从属于第三产业的行业。（　　）

8. 只有杰出的科学家才是人才，普通的技术工人不算是人才。（　　）

二、选择题

1. 某职校动漫专业学生张某，在校期间专业成绩优异，参加技能大赛获得市级二等奖，毕业后在一家公司任动漫设计一职，其专业能力受到一致认可。这说明（　　）

A. 专业的学习和职业没有什么联系

B. 职业的发展不需要专业知识和技能的支撑

C. 职业的发展需要专业知识与技能的支撑

D. 专业和职业是一回事

2. 职校生张某在校期间学习汽车检测与维修专业,下列与他所学专业相对应的职业是(　　)

A. 会计

B. 汽车维修工

C. 房产中介

D. 保安

3. 下列关于职业与专业的关系的说法,正确的是(　　)

A. 职业和专业毫无关联

B. 职业需要专业知识与技能支撑,专业需要职业注入活力

C. 职业和专业其实就是一回事

D. 只要学习认真,就肯定能谋得一份好职业

4. 下列关于人才观的理解正确的是(　　)

A. 金无足赤,人无完人,所以即使有缺点也没关系

B. 每个人都是人才,所以不需要努力也可以成为人才

C. 天生我材必有用,所以要充分挖掘潜能,成为社会有用之才

D. 人尽其才则百事兴,所以成才关键只在于有合适的工作岗位

5. 港珠澳大桥钳工管延安,在完全封闭的海底沉管隧道中安装操作仪器,做到了接缝处间隙零缝隙。管延安只有初中文化,但他凭自学,成为完成这项工作的第一人。他所安装的沉管设备,已成功完成 16 次海底隧道对接。下列说法不正确的是(　　)

A. 扬长避短,个个成才

B. 现代社会不需要高学历人才

C. 普通技术工人也是人才

D. 只要充分挖掘潜能，每个人都能成为有用之才

6. 邓建军从常州某职校毕业后做一行、爱一行、钻一行，工作二十多年来，参与技改项目 400 余个，解决重大技术难题 23 个，书写了中国技术工人的传奇。下列说法正确的是(　　)

A. 邓建军这样的高技能人才毕竟是少数，所以不是职校学子的榜样

B. 现代社会只需要邓建军这样的技能型人才

C. 经济的发展、社会的进步需要"术业有专攻"的技能型人才

D. 社会的发展进步只需要理论型的研究者

7. 职校生李某在校期间学习旅游管理与服务专业，下列与她所学专业不相对应的职业是(　　)

A. 导游

B. 旅行社接待人员

C. 旅行社宣传人员

D. 护士

8. 戴尔电脑公司创始人迈克尔·戴尔对电脑行业感兴趣，后来他注册了一家电脑公司，经营个人电脑生意。这说明职业生涯选择的重要依据是(　　)

A. 兴趣

B. 气质

C. 性别

D. 父母

9. 职业资格等级分为(　　)

A. 六个等级

B. 五个等级

C. 四个等级

D. 三个等级

10. 下列关于第三产业的叙述，正确的是(　　　)

A. 要想实现国民经济的现代化就必须发展第三产业

B. 第三产业是一个国家经济发展的基础

C. 第三产业的发展可以替代第一、二产业的发展

D. 第三产业的兴旺发达是现代经济的唯一特征

11. 张某性格活泼开朗，善于与他人沟通交流，下列最适合她的职业是(　　　)

A. 会计

B. 导游

C. 文员

D. 仓库保管员

12. 小张初中毕业后，在电视上看见新闻报道：越来越多的人选择假期外出游玩，旅游业正在不断发展。于是他报考了一所职校的旅游服务与管理专业。下列说法正确的是(　　　)

A. 小张的专业选择是随波逐流、不切实际的

B. 选学专业时，要了解未来产业发展的趋势

C. 选专业是简单的事，不需要考虑外在因素

D. 选专业时考虑得越少越好，可以随心所欲

第三单元 职业生涯发展目标与措施

主题 6 确定发展目标

 **教学目标**

1. 明确目标对个人职业生涯发展的重要性，熟悉职业生涯发展目标的内容。

2. 结合自身实际，运用目标选择方法，合理选择与确定自己的职业生涯发展目标。

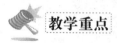 **教学重点**

结合自身实际，明确在符合发展条件下，确立职业生涯发展目标。

 **教学难点**

青少年学生在自己职业生涯发展目标选择方法上，需加强指导。

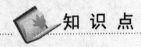 知 识 点

一、职业生涯发展目标的构成

1. 职业生涯发展需要明确目标

（1）明确目标能给我们指明方向。

（2）目标的实现能给我们带来成功的喜悦。

2. 职业生涯发展目标的分类

（1）职业生涯发展的近期目标。

（2）职业生涯发展的中期目标。

（3）职业生涯的长期目标。

二、职业生涯发展目标必须符合发展条件

1. 依据自我认知

职业生涯发展目标的确立，应围绕自己、依据自己，同时要适合自己。应从下四方面来审视自己：

（1）识别自己的职业兴趣。

（2）了解自己的性格特征。

（3）认清自己的能力特长。

（4）明确自己的工作价值观。

2. 依据所学专业

个人所学的专业是职业生涯规划的基础。职业生涯发展的目标，应紧紧围绕自己的专业来确立，学以致用，这样才具有现实的可行性。

3. 根据外部环境

个人的发展离不开社会大环境和行业、企业的环境。个人职业生涯发展目标的确立，也要围绕社会的发展和行业的需求，紧紧把握时代脉搏，摸准将来所从事行业的前景，及早定位、准确定位，以便于更好融入社会，满足行业需求，服务自己将来所在的工作单位。

三、职业生涯发展目标的选择

1. 不同时期的职业生涯发展目标

人的职业生涯可大致分为职业准备期、职业选择期、职业适应期、职业稳定期、职业衰退期和职业结束期。不同时期有各自的职业发展目标。

2. 职业生涯发展目标选择的方法

（1）取己所长。

（2）为职业机会打分。

（3）懂得取舍。

（4）倾听他人的建议。

（5）合理排序。

主题 7　构建发展阶梯

教学目标

1. 学会制定阶段目标，明晰阶段目标的设计思路。
2. 明确近期目标的重要性，针对近期目标制定合理可行的改进措施。

教学重点

近期目标的重要性及制定要领。

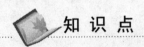

教学难点

围绕近期目标，补充发展条件。

知识点

一、近期目标的特点以及设计思路

1. 近期目标的特点

（1）近期目标是通向长远目标的台阶。

（2）近期目标具有一定的高度性。

（3）近期目标具有可操作性。

（4）阶段目标之间具有关联性。

2. 阶段目标的设计思路

虽然阶段目标的设计方法多种多样，但设计思路却比较相似，常常采用的是逆向思维，也就是"倒计时"或"往回推"的方式，即根据实现长远目标所需要的台阶、需要的时间、需要的知识等，由长远目标到近期目标，往回倒推着进行设计、规划。

设计阶段目标，其目的就在于分步缩小现在和将来之间的差距，分阶段逐步提升自身素质，不断向更高的目标攀升。

二、近期目标的重要性和制定要领

1. 近期目标的重要性

（1）俗话说："千里之行，始于足下。"要想最终走向阶梯的顶端，还要从我们脚下的这级台阶开始迈步。只有从具体的近期目标出发，才能一步一个脚印地前进。

（2）近期目标既是我们为实现职业生涯总目标而努力的起点，又是我们每个阶段目标的着陆点、启动点，它起着承前启后的纽带作用。

（3）每个人职业生涯目标的实现，都始于一个个近期目标的实现。既然是离我们最近，甚至唾手可得的目标，就说明它与我们的差距很小，比较清晰、明确，而我们对制定弥补这一差距的措施也比较有把握。所以，让我们从实现近期目标开始努力吧。

2. 近期目标的制定要领

第一，只要努力就能够实现。制定近期目标不必定得太高，要从"稍加努力就能达到"的目标开始，使自己在攀登一个个台阶的初始阶段，能比较容易地品尝胜利的喜悦，体验成功的快乐，获得继续攀登的信心，增强向长远目标奋斗的决心。

第二，目标要具体、明确。不仅要表明需要完成的目标、所能达到的状态，还要列出措施，并保证措施明确得当、有操作性，切忌空洞、不着边际。

第三，根据个人实际情况，近期目标要符合个体的性格、兴趣、特长，并能产生内在的激励作用。

第四，目标要具有可评估性。要有明确的时限限制及标准，以便进行检查和评估，为修正职业生涯规划提供可靠的依据。

三、围绕近期目标补充发展条件

首先，要全面分析自己的现实状态与近期目标要求的差距，针对差距补充发展条件。

其次，要着力于分析自己达到近期目标所具有的优势和差距，主要包括个性、道德水准和日常行为习惯、知识、技能等方面。在此基础上进一步挖掘自己的优势，强化自己的信心，明确自己与近期目标之间存在的差距，为制定"补短"的发展措施打基础。

主题 8 制定发展措施

教学目标

1. 了解制定措施的几个要素。
2. 理解制定发展措施的重要性。
3. 结合自己的实际列出实现近期目标的具体计划。

教学重点

发展措施的重要性以及制定要领。

教学难点

为实现近期目标而制定措施的思路。

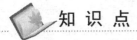

知 识 点

一、发展措施的作用重要性

1. 有利于实现职业生涯目标

要想实现自己的目标和理想，必须行动起来，制定切实可行的发展措施，并在此基础上踏踏实实、一步一个脚印地前进。只有这样，我们才能实现自己的目标和理想。

2. 有利于提高学习能力

学会学习，具有学习能力，是终身学习的必要条件。职业演变的速度在加快，知识、技能不断更新，转岗、晋升都需要再学习，对人们的学习能力要求越来越高。要想不落伍，中职生在学校除了学知识、练技能以外，还要有意识地提高学习能力。

注意力、观察力、记忆力、思维力、想象力是最基本的学习能力。学习能力是在日常学习中形成的，能在平时学习实践中得到提高，在训练中得到强化。

（1）注意力。

注意表现为对一定事物的指向和集中。人在注意什么的时候，就在感知什么、记忆什么、思考什么或想象什么。注意力是观察力、记忆力、思维力、想象力的准备状态，是学习的先决条件，是提高学习效率的必要条件，所以，注意力被人们称为"心灵的门户"，是智力活动的保证。

（2）观察力。

观察是一种有目的、有计划、有思维参与的知觉。正因为观察中有思维参与，所以有人将观察称为"思维的知觉"，并把观察中的思维能力视为整体观察力的核心。观察力是智力活动的源头。

（3）记忆力。

有了记忆，人才能积累经验。人的观察力、想象力、思维力和实际操作能力，都在很大程度上依赖于记忆力。记忆力是学习知识的基础能力。

（4）思维力。

思维是人脑凭记忆和想象对客观现实概括的、间接的反映。通过思维，人就可以认识那些每日直接作用于人的种种事物或事物的属性，也可以预见事物的发展变化进程。学习、巩固和运用，都离不开思维。人们称思维是"智力的核心"。思维力是学习的利剑。

（5）想象力。

想象力是在感知材料的基础上经过脑的思维加工创造出新形象的能力。一切创造性的劳动都是从创造性地想象开始的，想象力是创造性智力活动的源泉。

二、措施的要素及制定要领

1. 措施的三要素

实现目标的措施有三个要素：任务（含方法）、标准和时间。措施不但应该有实现目标的具体任务（含方法），而且要有完成任务的标准。时间包括两个方面：一是目标完成期限，二是落实措施的时间进度。

2. 制定措施的三个要领

一要具体，强调措施的内容要实在，清晰明确。

二要可行，强调措施要符合自身条件和外部环境，有可操作性。

三要针对性强，措施不但直接指向目标，而且指向本人与目标的差距。人的精力是有限的，只有针对性强的措施才能提高实现目标的效益和效率。

3. 制定措施的思路

（1）抽象与具体相结合的思路。

（2）循序渐进的思路。

（3）查漏补缺的思路。

三、实现近期目标的具体计划

措施的落实最终要落在每天的安排上，因此，日计划和每天的执行是关键。日计划是周计划的再一次细分。今天怎样度过？要做那几件事？这就是每天的计划和具体安排。一天最重要的事，要在前一天做好计划，这样才能把握好每一天。养成了每天安排自己的工作的习惯，才能一步一个脚印，更快、更好地获得职业生涯的成功。想拥有美好的未来，就从现在做起吧！

练习题

一、判断题

1. "望远镜可以望见远的目标，却不能代替你走半步。"这句话说明，只有制订措施、积极行动，才能保障目标的实现。　　　　　　　　　　（　　）

2. 在选择职业生涯目标时，一定要分析社会的需求情况，将目光放长远一些，准确地预测未来行业或职业发展的方向，再做出选择。　　　　　　（　　）

3. 追求目标，有时需要忍受一时的痛苦和挫折，但这会使我们在面对困难时变得更加坚强。　　　　　　　　　　　　　　　　　　　　　　　（　　）

4. 职业生涯目标的实现过程，是个人奋斗的过程，能带给我们职业和生活的幸福。　　　　　　　　　　　　　　　　　　　　　　　　　　　（　　）

5. 确立职业生涯发展目标前，要通过"筛一筛"的方法，将不切实际、不可能达到的目标去掉。　　　　　　　　　　　　　　　　　　　　　（　　）

6. 目标是漫漫职业生涯途中的灯塔。只要有目标，我们就一定能在其指引下走向成功。　　　　　　　　　　　　　　　　　　　　　　　　　（　　）

二、选择题

1. "走得最慢的人，只要他不丧失目标，也比漫无目的地徘徊的人走得快。"对这句话的正确理解是（　　）

A. 只要有了目标，人生发展速度的快慢无所谓

B. 明确的目标，能给我们指明方向

C. 一旦有了目标，人生发展的速度就能加快

D. 人生发展速度慢的人，才需要确立目标

2. 小吴打算开一间酒吧，他在制订发展措施时提醒自己：现在的我对于这个

行业的了解还有限，对酒吧的经营管理知之甚少，我还需要努力学习。小吴在制订措施时做到了(　　)

A. 针对目标差距

B. 操作步骤可行

C. 专业基础打好

D. 内容要求具体

3. 哈佛大学曾对一群智力、环境等因素都差不多的年轻人进行过一个长达25年的跟踪调查。结果发现，3%有清晰而长远的目标的人最终成了社会各界的顶尖人士或行业领袖，而27%没有任何目标的人最终生活在社会的最底层。这一调查结果说明(　　)

A. 目标对人生有巨大导向作用

B. 人生有没有目标其实无所谓

C. 制定目标后就要坚持去实现

D. 目标的实现要靠措施来保障

4. 世界著名影星施瓦辛格10岁时，就给自己开出了三个梦想清单：世界上最强壮的人、电影明星、成功的商人。通过艰苦努力和奋斗，他把预想的三个梦想全部转变为活生生的现实。这种"开清单"的方法就是职业生涯发展目标选择方法中的(　　)

A. 预测

B. 衡量

C. 对比

D. 乱想

5. 马拉松冠军山田本一每次比赛之前，都要事先把沿途比较醒目的标志画下来，比如第一个标志是一棵大树，第二个标志是银行，第三个标志是一座红房子……比赛开始后，他就以跑百米的速度奋力向第一个目标冲去，等到达后再以同

样的速度向第二个目标冲去。40多公里的赛程，就这样被分解成若干个小目标轻松地跑完了。他的长跑智慧给我们的启示是( )

    A. 职业生涯目标确立后要善于分解目标

    B. 职业生涯目标确立后行动就会变得轻松

    C. 职业生涯目标确立后要了解竞争对手

    D. 马拉松冠军山田本一是个喜欢长跑的人

6. 确立职业生涯发展目标必须依据自我认知，下列属于自我认知的是( )

    A. 我所在的家族中很多人都在经商

    B. 我的学校是当地一流的职业学校

    C. 我是个性格内向、不善言谈的人

    D. 我所学专业的就业形势总体很好

7. 没有达成目标的行动，目标就难以实现，也就谈不上成功。目标确立之后关键是( )

    A. 定位

    B. 行动

    C. 衡量

    D. 等待

第四单元 职业生涯发展与就业创业

主题 9　正确认识就业

 **教学目标**

1. 认识到就业在职业生涯中的核心地位。
2. 树立正确、务实的就业观。
3. 在正确择业观的引导下从现在开始积极行动起来。

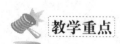 **教学重点**

树立正确的就业观与择业观。

 **教学难点**

树立正确的就业观与择业观。

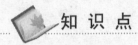 知 识 点

一、职业生涯发展与就业观

一个人的职业生涯能否成功，不但取决于某一个时间或某一个时段我们做了什么，而且取决于我们在整个职业生涯发展中的表现。

树立正确的就业观，具体表现为：

1. 调整就业期望值

这就要求我们及时调整自己的就业理想和价值取向，调整就业期望值，拓宽就业范围，树立大众化就业观。比如就薪酬待遇而言，不一定非要高薪不可，从低薪就业开始，先赚取经验是很有必要的。

2. 提升自身素质

一方面要提升自己就业的能力。要认清用人单位的需求，有针对性地做好适岗准备。另一方面要注意培养求职技巧。求职也是一门学问和艺术，涉及很多细节性问题，如言谈举止、交流沟通等，应在平时养成一些良好的习惯。这就要求我们在学好专业知识的同时，时刻注意把知识转化为能力和水平。

3. 适应严峻的就业形势

面对日益严峻的就业形势，我们必须明白，就业形势严峻是相对的，机会永远为有准备的人而准备的。在校期间，就要积极参加各类社会实践活动，利用课余时间多接触社会，积累丰富的实践经验，加深对社会的认识。竞聘岗位时，要沉着冷静，从容面对；无论求职成败，都要自信乐观，要有越挫越勇的坚强意志。同时，还应随时调整自己的职业规划，分析自己的实力、价值和需求，为自己的发展设定长远的目标。

二、就业形势与择业观

作为一名职校生，我们应该在认清就业形势的基础上，从个人实际、社会需要和长远发展入手，树立正确的择业观，从而顺应经济社会发展，实现自己的职业理想。

第一，立足个人实际。在选择岗位时，最基本的要求是立足个人实际，结合自己的性格、兴趣、爱好和优势，选择最适合自己的岗位。这样才能最大限度地发挥自己的潜能，使自己的职业生涯之路越走越顺。

第二，立足社会需要。我们在选择就业岗位时，不能只根据"工作是否体面、待遇高不高"等标准，对个人得失考虑过多，而应当立足社会需要，到社会最需要的地方去发挥自己的聪明才智，在奉献中实现自身的价值。其实，对我们职校生来说，做社会需要的工作，坚持做下去，并用心思考，成为行家里手，就有可能在某种职业岗位以及相关职业岗位上取得成功。

第三，立足长远发展。在选择就业岗位时，要目光长远。不能只计较眼前的利益，而要考虑到每个岗位今后可能发生的变化。其实，只要能够在岗位上发挥自己的优势和潜能，有机会学到新的东西，就不愁明天没有成功的机会。

主题 10 做好就业准备

 **教学目标**

1. 认识到踏入社会的角色转换。

2. 培养积极进取的意识和精神，充满自信地面对就业。

3. 能够通过就业信息的搜集渠道结合本人的择业目标有效获取就业信息，掌握求职的基本方法，从各方面做好就业的准备。

 **教学重点**

掌握求职的基本方法。

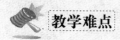 **教学难点**

掌握求职的基本方法。

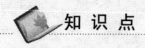 **知 识 点**

一、做好由"学校人"到"职业人"的角色转换

1. "职业人"的基本概念

职业人就是指有职业的人或是从事职业活动的人。

2. "学校人"与"职业人"的区别

"学校人"与"职业人"的区别见表4-1。

表4-1 "学校人"与"职业人"的区别

身份	学校人	职业人
社会责任	学习知识、训练技能，为从业做准备	运用知识、技能，为社会做贡献
权利义务	依法接受教育，获取知识、精神、物质	依法从事职业，为社会服务，取得相应报酬
人际关系	受教育者，人际关系简单	被管理者，人际关系复杂

3. 角色转换的四种导向转变

（1）成长导向向责任导向的转变。

（2）个性导向向团队导向的转变。

（3）思维导向向行为导向的转变。

（4）智力导向向品德导向的转变。

二、做好适应社会、融入社会的准备——由内而外的转变

1. 形象转变——形式层面

由"学校人"到"职业人"，形象的转变是表层的转变。

职业形象＝简单的修饰＋得体的着装＋优雅的仪态

2. 行为转变——技能层面

没有规矩不成方圆。进入社会，就需要遵守社会的规范；进入组织，就需要遵守组织的各项规章制度。只有在心理上真正认同了社会生活和组织生活的规范，并养成遵守各种规范的习惯，才能很好地适应职场环境、融入职场生活。

3. 心态转变——核心层面

在求职和就业过程中遇到困难，甚至经过几次挫折才获得成功是正常的；遇到

许多心理冲突、困惑，产生一些不良情绪也是正常的。但这些并不是必然的。要分析原因，总结经验教训，进行自我调节，释放心理压力，积极寻求家人、老师、朋友的帮助，消除不良情绪，保持良好的积极心态，重新踏上成功求职之路。

三、掌握求职的基本方法——工具就是敲门砖

（1）收集整理信息。

（2）了解求职途径。求职途径主要包括以下几条：一是学校推荐；二是实习就业；三是参加招聘会；四是网络求职；五是社会关系。

（3）学习简历写作。简历是一种个人重要信息的汇集。我们在未来求职"推荐自己"时用的简历，主要包括个人基本情况、学业情况、实习经历、专业特长和求职意向五部分内容。

（4）掌握面试技巧。面试注意点：①充分准备，注意礼仪，沉着不怯场；②要根据对方需要推销自己；③自信自强、实事求是；④扬长避短。

（5）识别求职陷阱。

主题 11 创业是就业的重要形式

教学目标

1. 认识到创业的重要意义；了解中职生创业的优势。
2. 理解创业者应具备的素质和能力。
3. 做好创业前期的准备。

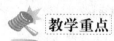

教学重点

了解中职生创业的优势；理解创业者应具备的素质和能力。

教学难点

认识到创业的重要意义；做好创业前期的准备。

知 识 点

一、创业的重要意义

（1）有利于缓解就业压力。

（2）有利于自我价值实现。

（3）有利于培养创新精神。

（4）有助于提高实践能力。

二、创业应具备的素质和能力

1. 创业应具备的素质

创业者应具备的核心素质如图4-1所示。

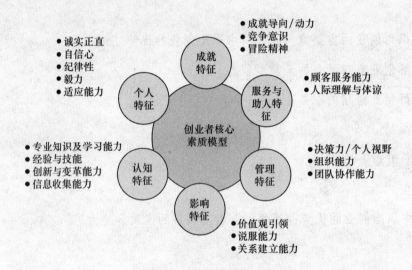

图4-1 创业者核心素质模型

一般来说，创业者应具备以下几种基本素质：

（1）独立行动、善于合作。中职生创业者个人创业，则更强调独立行动、敢闯敢拼；共同创业，则要善于合作、互利共赢。

（2）敢冒风险、诚信克制。创业有风险，创业者需要一定的冒险精神。但这并不意味着抛弃原则和底线，守法诚信、正直克制同样重要。

（3）灵活应变、不屈不挠。面对创业中的困难，要思维灵活、善于变通；另一方面，面对挫折，要不屈不挠、不轻言放弃。

2. 创业应具备的能力

一般来说，创业者应具备以下几种能力：

（1）抓机遇敢决策的能力。中职生创业不是为了创业而创业，而是为了做好一件事。要抓住机遇、敢于决策，而不是随波逐流、错失良机。

（2）懂技术会创新的能力。好的技术是好的产品质量的保证。中职生创业者需要有一定的专业能力。从自己的专业出发有利于成功创业。要发展，就离不开创新。具备创新能力是创业成功的重要保障。

（3）能经营会管理的能力。良好的经营是创业成功的标志，创业者要知道怎样把技术转化为生产力、怎样推销自己的产品或品牌。创业不可能孤军奋战，因此，创业者应具备识人、用人的能力，善于团队合作，增强凝聚力。

（4）能沟通会协调的能力。无论就业还是创业，都离不开沟通与协调。对创业者来说，这一能力显得更为重要。

三、职校生创业的优势

（1）性格优势——坚韧顽强，经得起挫折。

（2）人缘优势——交往能力强，团队精神强。

（3）技能优势——脚踏实地，打好扎实的技能基础。

（4）思维优势——选定方向，善于扬长避短。

（5）职业优势——爱一行，干一行，专一行。

四、在校期间的创业准备

（1）构思项目。构思项目可以从以下几方面考虑：①从自己的专长出发，经营熟悉的项目；②从市场需要出发，经营有商机的项目；③从自身能力出发，经营力所能及的项目。

（2）了解国家政策和法律知识。

（3）了解自己。

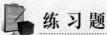 **练习题**

一、判断题

1. 只有通过学校就业主管部门获取的信息，才具有真实可靠性。　　（　　）

2. 国家在就业问题上的方针政策离我们太远，职校学生不需要了解。（　　）

3. 在求职就业过程中，一定要挑选待遇最优、工作环境舒适、名气大的企业去工作。　　　　　　　　　　　　　　　　　　　　　　　　　　　（　　）

4. 创业者在商海中拼搏就仿佛是一场没有硝烟的战争，能否打赢这场战争和创业者的素质和能力有着直接的关系。　　　　　　　　　　　　　　　（　　）

5. 创业资金必须是自有资金，其他资金来源风险太大，绝对不能使用。

　　　　　　　　　　　　　　　　　　　　　　　　　　　　　　　　（　　）

6. 创业者必须具备敢冒风险的品质，有时为了实现目的突破法律和道德的约束是在所难免的。　　　　　　　　　　　　　　　　　　　　　　　（　　）

7. 招聘市场上不乏虚假信息，求职者必须根据自身条件进行筛选。　（　　）

8. 好的技术是好的产品质量的保证。因此，创业不能光靠一身力气，还要懂技术。　　　　　　　　　　　　　　　　　　　　　　　　　　　　　（　　）

9. 创业是有风险的，所以尽量不要用自己的钱，能借尽量借。　　（　　）

二、选择题

1. 金某在校期间就已取得厨师类国家职业资格四级证书。毕业后他自己开了一家小饭店，因其饭菜口味独特，很快就有了一定的名气。金某选择开饭店这一创业项目符合（　　　　）

A. 个人能力原则

B. 因地制宜原则

C. 政策原则

D. 效益原则

2. 2016 年 2 月的一天，从事土纸生产和销售的吴大姐来到国税局办税服务厅，对办事人员说："这个月我的生意特别好，超过了 2 万元的销售额，达到国家规定的缴税标准。我是来缴税的！"吴大姐的做法集中体现的创业品质是（　　　　）

A. 敢冒风险

B. 灵活应变

C. 诚实守信

D. 不屈不挠

3. 何琍春是浙江商业职业技术学院的学生，刚进校时他发现，每年学校都会留下很多废弃的自行车，而新生又很需要自行车。"为什么不开发一个自行车资源再利用项目呢？"说干就干，他和几个同学一起创办了杭州易科联自行车科技有限公司，不仅解决了自己的学费和生活费，也解决了父亲的食宿问题。从中我们可以看出，作为创业者的何琍春具备了（　　　　）

A. 能沟通会协调的能力

B. 懂技术会创新的能力

C. 抓机遇敢决策的能力

D. 能经营会管理的能力

4. 被称为"棉纱大王"的陈廷骅中学毕业后，只身一人从宁波跑到上海做生意。80 后小伙李英豪，只身一人从香港来到北京创业打拼，成为钱方公司的联合创始人。这种只身闯天下的行为集中体现出创业者身上的创业品质是（　　　　）

A. 善于合作

B. 独立行动

C. 诚信克制

D. 灵活应变

5. 一家珠宝店进了一批印第安风格的首饰，副经理苏姗怕顾客们不能接受，就希望以价格上的优惠吸引大家，效果很不好。店主卡洛斯反其道而行之，在店里将所有珠宝价格翻了一倍，并在店中循环播放有关印第安文化的宣传片，结果很快就卖完了。这说明成功的经营者必须具备（　　　　）

　　A. 能经营会管理的能力

　　B. 懂技术会创新的能力

　　C. 抓机遇敢决策的能力

　　D. 能沟通会协调的能力

6. 财会专业毕业的小刘，被学校推荐到一家大型超市就业，三年中，她做过理货员、推销员、前台收银员，后来进入财务室，又干了五年，她成为该超市一家社区店的店长。小刘的就业观念是（　　　　）

　　A. 不究性质谋单位

　　B. 不求定位先就业

　　C. 不求从业求创业

　　D. 不等不靠找市场

7. 对于市场份额正在不断下降的铁罐装浓缩牛奶，雀巢公司决定采用一款新型的包装理念和生产线，将浓缩牛奶装到一个配有清洁和可调节阀门的挤压塑料中。这一小小的改变给雀巢公司增加了15%的销售量。这一案例说明在市场和商海中打拼，必须（　　　　）

　　A. 能沟通会协调

　　B. 能经营会管理

　　C. 懂技术会创新

　　D. 抓机遇敢决策

8. 在接受记者采访时，东山再起的华莱士回忆自己如何走出企业倒闭的阴影，说了这样一句话："失败没有什么值得庆祝的，但在几乎不可能的条件面前仍然不退缩，是一件非常了不起的事情。"这说明作为创业者，面对困难和失败时要具备

的创业品质是（ 　　）

　　A. 独立行动

　　B. 善于合作

　　C. 诚信克制

　　D. 不屈不挠

9. 梅毅强 19 岁就成为一家家具厂的"金牌业务员"，2004 年与人合伙开厂，代理加工家具产品。他成为利烙家具配套用品有限公司的总经理之后，营销工作一直受到他的高度重视，也一直是该公司最出彩的地方。他的从商经历告诉我们，在选择创业伙伴时，要选择（ 　　）

　　A. 能算账的人

　　B. 有技术的人

　　C. 懂法律的人

　　D. 会跑市场的人

10. "因地制宜，量体裁衣，不必让自己陷在无谓的烦恼里，立足脚下的土地，无论贫富丰饶，适合生长就好。"这段话对我们选择工作岗位的启示是（ 　　）

　　A. 选择知名企业的职业岗位

　　B. 选择适合自己的职业岗位

　　C. 选择离家近的职业岗位

　　D. 选择收入高的职业岗位

11. 临近毕业了，面对就业问题，同学们想法很多。下列就业观念中正确的是（ 　　）

　　A. 别人去哪儿，我就去哪儿

　　B. 必须找一份一劳永逸的工作，找不到宁愿不工作

　　C. 必须找一份专业对口的工作，否则坚决不就业

　　D. 先就业，从基层做起，脚踏实地

12. 有人总结浙商的从商经验，发现"信息共享，抱团作战"是他们取得成功的重要原因，这突显了浙商具备的创业品质是（　　）

A. 独立行动

B. 善于合作

C. 诚信克制

D. 不屈不挠

13. 李大姐的家乡是著名的草莓基地，每年都有大批游客来此采摘草莓，不少游客，尤其是带着孩子的年轻父母们都想住在当地，体验农家生活。李大姐看准了这一点，办起了集住宿、餐饮、现场加工于一体的小型农庄，生意十分火爆。李大姐选择创办小型农庄这一项目符合（　　）

A. 个人能力原则

B. 因地制宜原则

C. 政策原则

D. 效益原则

14. "老干妈"的品牌创始人陶华碧，曾在路边卖凉粉和冷面。一天，一位顾客来就餐时一听说没有麻辣酱，转身就走。这件事对陶华碧触动很大，她一下子就看准了麻辣酱的潜力，从此潜心研究。目前，凭着不起眼的"酱"，老干妈的公司已跻身中国私营企业 50 强。作为创业者的陶华碧有着敏锐的（　　）

A. 诚信意识　　　　　　　　　B. 合作意识

C. 风险意识　　　　　　　　　D. 商机意识

15. 创业资金的筹集有多种渠道，其中最主要的也是最可靠的来源是（　　）

A. 自有资金　　　　　　　　　B. 亲友借款

C. 银行贷款　　　　　　　　　D. 创业基金

第五单元　职业生涯规划管理与调整

主题 12　管理规划，夯实终身发展基础

 **教学目标**

1. 能有效执行制定的计划，科学管理职业生涯规划。
2. 树立终身学习的观念。

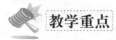 **教学重点**

职业生涯规划管理方法。

 **教学难点**

职业生涯规划管理的全方位化。

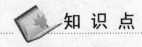 知 识 点

一、认真执行职业生涯规划的各项措施

成功始于想法。但是，只有想法，却没有付诸行动，是不可能成功的。决定一个人的成败，关键在于他的思想与行为是否一致。思想决定行为，行为决定结果！理想与行动是一对孪生兄弟，既有理想，又有行动，成功才会有保证；而光有远大的理想，没有实际的行动，那就是好高骛远的表现。道虽近，不行不至；事虽小，不为不成。如果你每天想做点什么，但总是不付诸行动，那只能是你的空想，永远不可能成功的。

二、定期检查职业生涯规划的执行实效

1. 定期检查的内容

首先，要对年度目标的执行情况进行总结，确定哪些目标已按计划完成，哪些目标未完成；然后，对未完成目标进行分析，找出未完成原因及发展障碍，制定相应解决障碍的对策及方法；最后，依据评估结果对下一年的计划进行修订与完善。如果有必要，也可考虑对职业目标和路线进行修正，但一定要谨慎考虑。

2. 定期检查的方法

一要自我检查。经常自我检查是必要的，每天、每周、每月都要对职业生涯规划的执行情况进行检查，看计划落实、目标达成的进度如何，从而进行回顾总结。

二要他人监督。人都有惰性，计划有时也会被其他事情耽搁，这时我们可以请身边的同学、老师、父母来督促自己，有效执行计划。

三、珍惜在校生活，奠定终身学习基础

1. 珍惜在校生活

一要努力学好理论知识和专业技能。

二要积极参加职业技能大赛。

三要不断提高自己的综合素质。

四要积极参加社会实践和专业相关的职业活动。

2. 学会管理时间

时间管理是什么？是利用技巧、技术和工具帮助我们完成工作、实现目标。时间管理并不是要把所有事情做完，而是更有效地运用时间。

十个实用的时间管理方法

(1) 定制生活目标，按照重要程度排序；

(2) 集中精力完成最重要的任务；

(3) 每时每刻铭记你最重要的目标；

(4) 用金钱衡量时间；

(5) 不要太执着于完美；

(6) 为每个任务设置一个时限；

(7) 试着为每天的工作制定时间表；

(8) 将大的目标转换成几个任务分别完成；

(9) 可以将某项任务交给别人；

(10) 给每个步骤制定时限。

3. 树立终身学习观念

终身学习是指人一生都要学习，从幼年、少年、青年、中年直至老年，学习将伴随人的整个生活历程并影响人一生的发展，这是不断发展变化的客观世界对人们

提出的要求。

　　在校学习为终身学习和职业生涯发展奠定了基础，终身学习是在校学习的扩展和最高境界；终身学习促进了职业生涯的全面发展，职业生涯发展的成功则是终身学习的目的。职业生涯是一个连续不断的发展过程，只有不断学习，才能从容应对职业生涯中遇到的各种挑战；只有做好充分的准备，才能把握职业生涯发展的各种机遇。

主题 13　调整规划，适应发展条件变化

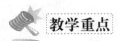

教学目标

1. 理解调整职业生涯规划的必要性。
2. 能根据情况变化，适时调整自己的职业生涯规划。
3. 掌握调整职业生涯规划的方式方法。

教学重点

调整职业生涯规划的必要性。

教学难点

不断调整自己适应从业的发展变化。

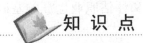

知 识 点

一、调整职业生涯规划的必要性

当自身条件或外部环境条件发生变化时，我们需要调整自己的职业生涯规划。自身条件的变化包括：①兴趣；②性格；③价值观；④能力；⑤优势劣势。

外部环境条件的变化包括：①就业市场需求的变化；②行业发展趋势的变化；③从业者所处环境的变化；④用人单位需要的变化；⑤新的发展机遇出现。

二、调整职业生涯规划的时机

1. 毕业前求职期

这一时期我们有了实习经历，在求职过程中可以根据实习的检验以及新的职业信息和供需实际来调整职业生涯规划。求职定位是职业生涯规划的关键环节，要根据就业形势适时对定位进行调整，有时需要适度降低就业期望值。

2. 职场初始期

职场初始期是指工作后三至五年，这一时期我们已经有了从业的经验，可以根据从业的实践、周围环境和自身素质的变化来调整职业生涯规划。

三、调整职业生涯规划的方法

1. 重新认识自我

通过"我能干什么""能干好什么"的自我审视，掌握个人条件的变化及其在职业实践中检验的结果。

2. 评估职业生涯

通过"可以做什么"的自我审视，对求职环境或从业环境进行再分析，评估自己的职业生涯的机遇和障碍因素。

3. 修正职业目标

通过"我为什么而做"的自我审视，在重新认识自我和评估职业生涯的基础上，修正职业发展目标。

4. 修订发展措施

通过"应该怎么做"的自我审视，根据修正后的目标的需要，制定新的自我发展措施。

影响职业生涯规划变化的因素很多，有的变化因素是可以预测的，而有的变化难以预测。要使职业生涯规划行之有效，就必须不断地对职业生涯规划进行评估、修正，及时调整原定的生涯规划。

主题 14 科学评价职业生涯发展

教学目标

1. 澄清自己的职业价值取向。
2. 认真践行发展措施，学会科学评价自己的职业生涯规划。

教学重点

评价职业生涯成功的不同价值取向。

教学难点

评价职业生涯成功的不同价值取向。

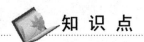
知 识 点

一、评价职业生涯成功的不同价值取向

1. 对成功的理解

成功，不单是指一种结果，更应该是一个过程、一种进步。在达到预期的目标的过程中所做出的努力、陋习的改变、良好习惯的养成、困难的克服，甚至任何一

点小的进步，只要是好的进步都算是成功。

成功指达到或实现某种价值尺度的事情或事件，从而获得预期结果。每个人的成功都需要经历许多次人生的考验，只有通过了不同考验的人才能证明自己的实力。成功包括精神与物质两方面，它需要天时、地利、人和相互配合。其实，只要每个人根据自己的目标，不断地去奋斗，体现出自我的价值，无论结局如何，都是成功的人。

2. 个人取向

在职业生涯发展过程中，应该不断审视自我，逐步明确个人的需求与追求，明确自己的优势所在以及今后发展的重点，并且针对自己对职业生涯成功的追求，自觉改善、增强和发展自身的能力，找到自己的职业定位。

二、评价职业生涯发展的要素

对职业生涯发展进行评价，我们要考虑一下几个方面：

第一，是否符合我的职业价值观。

第二，是否符合我的职业技能。

第三，是否挖掘了我的职业优势。

第四，是否符合社会发展需求。

三、评价自己的职业生涯规划

1. 自我评价

职业生涯规划要根据自己的个人价值观、知识、水平、能力来设计，我们在评价时要抓住职业生涯规划的灵魂——发展，始终围绕规划能否促进我们各方面的提高而展开，进而实现自己的职业生涯规划。

2. 他人评价

我们对自己的职业生涯规划评价未必准确、客观，同时，由于对职业了解不深，缺乏工作经历和社会经验，要进行自我评价有一定难度。为了保证职业规划能够真正落实和真正适合自己，我们可以借助他人的智慧和力量，根据他们的指导和建议修改自己的职业规划。

所有的规划和具体行动都具有一定的灵活性，在原有判断和规划的基础上，我们应该学会根据环境变化和目标执行的情况，不断地调整和修正自己的职业生涯规划，使之对我们的职业生涯发展真正起到促进作用。

练习题

一、判断题

1. 终身学习适应社会发展和个体发展的需要。 （　　）

2. 只有不断学习，才能适应职业生涯中的各种挑战。 （　　）

3. 了解自身、尊重他人、学会关心也是终身学习的内容。 （　　）

4. 聚会、唱歌、打球、绘画都属于娱乐活动，不是终身学习的途径。 （　　）

5. 职业生涯规划一旦制订好，我们就要坚决执行，无论遇到什么情况都不改变。

（　　）

二、选择题

1. 海尔大学始建于 1999 年，是海尔员工的学习平台。联想管理学院由联想集团创建，负责新员工入职培训、员工在职培训、经理培训、高级干部培训和海外短期培训等。对企业自办学校的做法，以下说法正确的是（　　）

A. 企业自办学校是为了赚取员工的培训费用

B. 企业自办学校里的培训属于正规学习

C. 这些企业新入职的员工学历层次太低，需要进行培训

D. 员工只有不断学习，才能适应社会发展的需要和自身发展的需要

2. 职业生涯规划制订好之后，应根据自身条件的变化和社会发展趋势的变化

进行调整。下列情况属于自身条件发生变化的是( )

A. 本行业对从业者的综合素质要求大幅度提高

B. 获得了多本职业资格证书

C. 全家移民海外

D. 行业发展前景不好

3. 小黄是一名 IT 工程师,他说:"在学习道路上,我永远是正在进行时。"因为 IT 行业的技术更新周期一般都在 18 个月左右。这充分说明( )

A. 只有 IT 行业的从业者才必须终身学习

B. 在校学习不重要,只要工作后好好学习就行

C. 有些人需要终身学习,有些人不需要

D. 为适应社会发展的需要,我们必须终身学习

4. 古人云:"活到老,学到老。"对这句话的正确理解是( )

A. 学习是老年人的需要

B. 年龄越大的人越需要学习

C. 学习是贯穿一生的、持续的过程

D. 只有好好学习,才能长寿

答 案

第一单元　职业生涯规划与职业理想

一、判断题：

1. √　2. √　3. ×　4. √

二、选择题：

1. B　2. B　3. A

第二单元　职业生涯发展条件与机遇

一、判断题：

1. √　2. √　3. ×　4. √　5. √　6. √　8. ×　9. ×

二、选择题：

1. C　2. B　3. B　4. C　5. B　6. C　7. D　8. A　9. B　10. A　11. B　12. B

第三单元　职业生涯发展目标与措施

一、判断题：

1. √　2. √　3. √　4. √　5. √　6. ×

二、选择题：

1. B　2. A　3. A　4. A　5. A　6. C　7. B

第四单元　职业生涯发展与就业创业

一、判断题：

1. ×　2. ×　3. ×　4. √　5. ×　6. ×　7. √　8. √　9. ×

二、选择题：

1. A　2. C　3. C　4. B　5. A　6. B　7. C　8. D　9. D　10. B　11. D　12. B

13. B　14. D　15. A

第五单元　职业生涯规划管理与调整

一、判断题：

1. √　2. √　3. √　4. ×　5. ×

二、选择题：

1. D　2. B　3. D　4. C